Schnelle Kuchen!

Zubereitet in 10 bis 30 Minuten

Bassermann

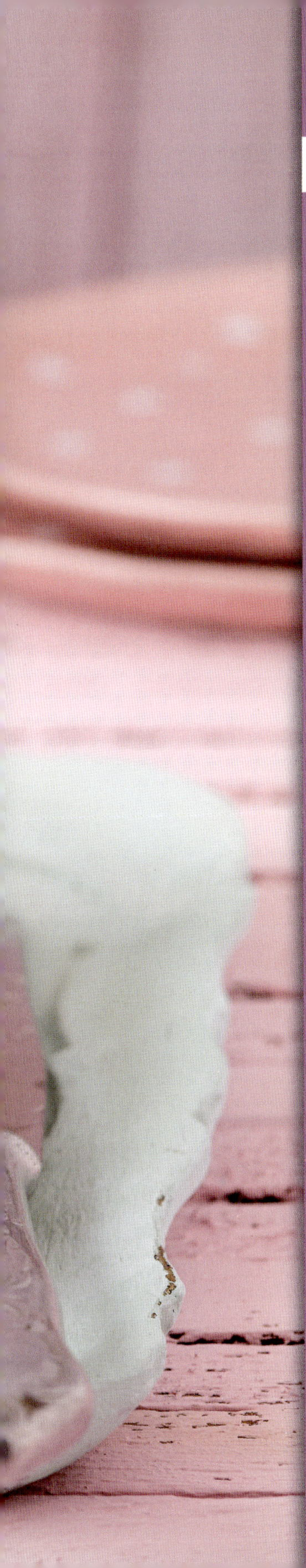

Inhaltsverzeichnis

Wenn es wirklich schnell gehen muss 8

Das 1x1 des schnellen Backens 10

Kuchen, Crumbles und Torten 12

Kleines zum Vernaschen 52

Abkürzungen, Temperaturen und Maße 87

Alphabetisches Rezeptverzeichnis 88

Rezeptverzeichnis nach Zutaten 89

Impressum 90

Wenn es wirklich schnell gehen muss

Manchmal ist es wie verhext. Termine dauern länger als gedacht, der Bus hat Verspätung, und im Supermarkt hat sich eine lange Schlange vor der einzig offenen Kasse gebildet. Wenn unerwartet Gäste kommen oder die Uhr läuft, ist es gut, mit den passenden Rezepten und dem nötigen Know-how den Turbo zünden zu können.

In diesem Buch finden Sie über 37 Rezepte zu Kuchen, Torten, Törtchen und Kleingebäck, die Sie schnell und unkompliziert zubereiten können. So dauert es zum Beispiel nur 7 Minuten, um einen Mug Cake in der Mikrowelle zu backen und 20 Minuten, um einen saftigen Schokoladenkuchen vorzubereiten. Das Schöne: Während Sie den Tisch dekorieren, bäckt der Kuchen im Ofen. Und im Handumdrehen können Sie Ihre Leckereien servieren.

Wenn es wirklich schnell gehen muss, zählt jede Minute. Deshalb habe ich für Sie das 1x1 des schnellen Backens an den Anfang des Buches zusammengestellt: Vom Wasser aus dem Wasserkocher, über die Grundausstattung, die in keiner Küche fehlen darf, bis hin zur Ersten Hilfe am Herd – all das finden Sie in diesem 1x1.
So meistern Sie mit dem Erfahrungsschatz von Backprofis jede knifflige Situation.

Viel Spaß beim Backen und Genießen wünscht Ihnen

Luise Lilienthal

Das 1 x 1 des schnellen Backens

Die 5 Turbo-Tipps

1 Wenn die Zeit zum Backen zu knapp wird, können Sie sich mit einem Biskuit vom Bäcker behelfen. Noch schnell Früchte aufgelegt und ein Guss darüber – fertig ist der Obstkuchen.
2 Im Wasserkocher wird Wasser sehr viel schneller heiß als im Topf. Für ein Wasserbad also zuerst das Wasser im Kocher zum Kochen bringen und anschließend auf dem Herd die Wärme halten.
3 Legen Sie Ihr Backblech immer mit Backpapier aus. Damit sparen Sie viel Zeit beim späteren Reinigen.
4 Heizen Sie den Backofen rechtzeitig an, damit der Ofen die richtige Hitze hat, wenn Sie mit dem Teig fertig sind.
5 Klassische Gelatine benötigt etwas Zeit, bis sie verarbeitet werden kann. Nutzen Sie deshalb bei Zeitdruck Gelatine-Fix.

Das gehört in jeden Küchenschrank

Das schnellste Rezept hilft Ihnen nichts, wenn Ihnen die nötigen Küchenhelfer fehlen.

Das gehört in jeden Küchenschrank:
Schneebesen
Teigschaber
Backpinsel
Backformen (Springform, Gugelhupfform, Backblech)
Rührschüssel
Küchenwaage
Handrührgerät
Spritzbeutel mit Tülle

Backutensilien können Sie in jedem Haushaltswarengeschäft und im Internet kaufen. Discounter bieten in regelmäßigen Abständen, meist aber nur für einen kurzen Zeitraum, preiswerte Küchenhelfer an. Wenn Sie die Gelegenheiten nutzen, können Sie Ihr Portemonnaie schonen.

So gelingt es ganz bestimmt

Kuchen backen ist eine Mischung aus Handwerk, Kreativität und vor allen Dingen Spaß. Der Spaß an der Sache stellt sich sehr viel leichter ein, wenn Sie einige Grundregeln befolgen, die zwar wenig mit Kreativität, aber sehr viel mit Handwerk zu tun haben und sich über Generationen hinweg als hilfreich erwiesen haben.

Rezepte einmal komplett durchlesen und die Anweisungen genau befolgen.
Den Überblick beim Backen behalten Sie sehr viel einfacher, wenn Sie sich das Rezept vorher einmal komplett durchlesen. Die einzelnen Arbeitsschritte sind zwar in den Rezepten ausführlich beschrieben, dennoch ist es immer wichtig, sich vor Beginn der Backsession eine Vorstellung davon zu verschaffen, welche Dinge getan werden müssen, bis der Kuchen fertig ist. Ruhe- und Kühlzeiten kommen dann nicht überraschend und bringen somit auch nicht die ganze Zeitplanung durcheinander.

Die Zutaten vorher bereitlegen
Beim Backen ist der Improvisationsspielraum deutlich geringer als beispielsweise beim Kochen. Haben Sie hier nicht genug Eier im

Kühlschrank, misslingt das Rezept. Einige Arbeitsschritte müssen sehr zügig durchgeführt werden. Wenn Sie in so einem Fall erst Ihren Küchenschrank ausräumen müssen, um Vanillezucker oder Backpulver zu finden, setzen Sie Ihren Backerfolg aufs Spiel.

Entspannt backen
Ist alles gut vorbereitet, sollte sich die Hektik am Herd in Grenzen halten. Je entspannter Sie die Sache angehen, desto mehr Geduld haben Sie für aufwändige Verzierungen oder filigrane Konstruktionen. Stress und Ungeduld vermiesen nicht nur die Laune, sondern meistens auch den Kuchen. Wenn Sie wenig Zeit haben, wählen Sie ein Rezept, das sich in wenigen Schritten und ohne Aufwand backen lässt. Einfache und schnelle Rezepte können genauso gut sein wie zeitraubende.

Temperatur der Zutaten beachten
Bei einigen Teigsorten wie beispielsweise Biskuit ist es wichtig, dass die Zutaten Raumtemperatur haben. Kalte Eier erzeugen zu wenig Volumen, der Biskuit wird nicht locker. Bei Mürbeteig hingegen ist es wichtig, dass die Butter kalt ist.

Die Eigenheiten des eigenen Ofens kennenlernen
Die Angaben zu Temperaturen und Backzeiten sind vielfach erprobt und mit einem zusätzlichen Backthermometer überprüft. Dennoch kann es bei Ihrem Ofen etwas schneller gehen oder länger dauern, bis Ihr Kuchen fertig ist. Kein Ofen verhält sich wie der andere (s. auch S. 87).

Garprobe machen
Ein gutes Mittel, um zu überprüfen, ob der Kuchen schon fertig ist, ist die Garprobe, auch Stäbchentest genannt. Dazu verwenden Sie einen Zahnstocher oder ein Schaschlikstäbchen aus Holz, mit dem Sie in Ihren Kuchen stechen. Bleiben Krümel am Stäbchen hängen, benötigt Ihr Kuchen noch einige Minuten. Ist das Stäbchen sauber, ist auch der Kuchen fertig. Stricknadeln oder Metallstäbe eignen sich weniger gut, da die Oberfläche zu glatt ist.

Erste Hilfe am Herd

Außen angebrannt, innen matschig
Wenn Sie sehen, dass Ihr Kuchen im Inneren noch Zeit benötigt, die Oberfläche aber schon verdächtig dunkel ist, sollten Sie den Kuchen mit Backpapier abdecken. Alufolie eignet sich nicht, da sich unter der Folie die Feuchtigkeit staut.

Was tun, wenn der Kuchen in der Form kleben bleibt?
Ist die Form nicht richtig eingefettet, kann der Kuchen schon einmal darin kleben bleiben. Die Rettung verspricht ein feuchtes Tuch. Dazu den Kuchen umdrehen, ein Küchentuch gut nass machen und auf die Form legen. Das Tuch einige Minuten liegen lassen und anschließend erneut versuchen.

So erkennen Sie frische Eier
Um zu prüfen, ob ein Ei noch frisch ist, können Sie einen einfachen Wassertest machen. Legen Sie das Ei in ein Glas Wasser. Ist das Ei frisch, bleibt es auf der Seite liegen, ist es schon älter, dreht es sich mit der breiten, stumpfen Seite nach oben. Im Ei hat sich eine Luftkammer gebildet, die für Auftrieb sorgt. Stellt sich ein Ei auf, sollten Sie es nicht mehr essen.

Kuchen, Crumbles und Torten

Apfelmuskuchen 15
Birnenkuchen 16
Aprikosen-Mandel-Crumble 19
Gugelhupf 20
Saftiger Schokoladenkuchen 23
Rhabarber-Crumble mit Eierlikörsahne 24
Schneller Apfelstrudel 27
Brombeer-Schmand-Kuchen 28
Tarte Tatin 31
Buttermilchkuchen mit Walnüssen 32
Mandarinen-Joghurt-Kuchen 35
Latte-Macchiato-Käsekuchen 36
Ricotta-Quark-Kirschkuchen 39
Cheesecake-Brownies 40
Himbeer-Sahne-Rolle 43
Kleine Kokostorte 44
Himbeerpavlova 47
Sekttorte mit Zitronensahne 48
Luftige Erdbeertorte 51

Apfelmuskuchen

1 Den Backofen auf 210 °C vorheizen. Eier und Zucker schaumig schlagen. Mehl, Puddingpulver und Backpulver mischen. Auf die Schaummasse geben und zusammen mit der Milch und der weichen Margarine unterrühren.

2 Das Backblech mit Backpapier belegen. Den Teig auf das Backblech streichen und das Apfelmus darauf verteilen. Den Kuchen im vorgeheizten Backofen 15 Minuten backen. Nach dem Backen kurz ruhen lassen und servieren.

Zutaten

für 1 Backblech

für den Teig

5 Eier (Größe M)
300 g Zucker
250 g Mehl
1 Päckchen Vanillepuddingpulver
1 Päckchen Backpulver
125 ml Milch
120 g weiche Margarine

für den Belag

1 Glas Apfelmus (ca. 700 g)

Zubereitungszeit: 25 Minuten
Backzeit: 15 Minuten
Temperatur: 210 °C (Umluft 190 °C)

Birnenkuchen

Zutaten

für 1 Backblech

für den Belag
1 kg Birnen
125 ml Weißwein
1 TL Zimt
2 TL Zucker

für den Teig
150 g weiche Butter
150 g Zucker
4 Eier (Größe M)
1 Prise Salz
6 EL Milch
2 EL Weinbrand
400 g Mehl
100 g Speisestärke
½ TL Zimt
1 Päckchen Backpulver
100 g gehackte Mandeln

für die Streusel
300 g Mehl
225 g Zucker
2 EL Kakao
225 g kalte Butter

4–5 EL flüssige Sahne

Zubereitungszeit: 25 Minuten
Backzeit: 25 Minuten
Temperatur: 200 °C
(Umluft 180 °C)

1 Die Birnen schälen, halbieren, Stiele und Kerngehäuse entfernen. Wein, Zimt und Zucker erhitzen, die Birnenhälften hineingeben und 4 Minuten köcheln lassen. Die Birnen herausnehmen und abtropfen lassen. Den Backofen auf 200 °C vorheizen.

2 Für den Teig Butter und Zucker schaumig schlagen. Eier, Salz, Milch und Weinbrand mit den Rührbesen unterschlagen. Mehl, Speisestärke, Zimt und Backpulver vermischen, auf die Eimasse sieben und mit den Mandeln unterheben.

3 Das Backblech mit Backpapier auslegen, den Teig daraufgeben und glatt streichen. Die Birnen mit der Wölbung nach oben auf den Teig geben und etwas hineindrücken.

4 Für die Streusel das Mehl in eine Schüssel sieben und mit dem Zucker und dem Kakao vermischen. Die Butter in Stückchen zugeben, Streusel formen und auf die Birnen streuen.

5 Den Kuchen im vorgeheizten Backofen bei 200 °C etwa 25 Minuten backen. Herausnehmen und mit der flüssigen Sahne bestreichen.

Aprikosen-Mandel-Crumble

1 Den Backofen auf 180 °C vorheizen. Die Aprikosen halbieren und entsteinen. In eine ofenfeste, eingefettete Form mit der Schnittfläche nach oben setzen. Den Honig mit dem Amaretto verrühren und über die Aprikosen träufeln.

2 Die Mandelblättchen in einer beschichteten Pfanne rösten, bis sie leicht anfangen zu bräunen, dann beiseitestellen.

3 Für die Streusel Butter und Mehl mit den Fingern verreiben. Den Zucker zugeben und rasch zu Streuseln verkneten.

4 Die Streusel auf die Aprikosen geben und etwa 30 Minuten backen, bis sie schön gebräunt sind. Kurz vor dem Servieren mit den gerösteten Mandelblättchen bestreuen. Mit geschlagener Sahne servieren.

TIPP

Dieser Crumble verlangt nach wirklich sommersüßen Aprikosen. Wer keine reifen bekommt, kann auch Aprikosen aus der Dose verwenden, diese dann aber gut abtropfen lassen und auf den Honig verzichten.

Zutaten

für 4 Portionen

für die Früchte

750 g Aprikosen
2 EL Honig (nach Belieben)
2 EL Amaretto
Butter für die Form

für die Streusel

3 EL Mandelblättchen
75 g kalte Butter
90 g Mehl
55 g Zucker

für das Topping

geschlagene Sahne

Ofenfeste Form, Ø ca. 26 cm

Zubereitungszeit: 10 Minuten
Backzeit: 30 Minuten
Temperatur:
180 °C (Umluft 160 °C)

Zutaten

für 12 Stück

für den Teig

125 g Mehl
125 g Speisestärke
4 TL Backpulver
1 Prise Salz
250 g Puderzucker
250 g Speiseöl
250 ml Baileys
1 EL Kakaopulver
5 Eier (Größe M)

für das Topping

Puderzucker zum Bestreuen
250 g Sahne

Gugelhupfform: Ø 24 cm

Zubereitungszeit: 15 Minuten
Backzeit: 50–60 Minuten
Temperatur: 175 °C
(155 °C Umluft)

Gugelhupf

1 Den Backofen auf 175 °C vorheizen. In einer Rührschüssel Mehl, Stärke und Backpulver mischen. Salz, Puderzucker, Speiseöl, Baileys, Kakao und die Eier hinzufügen und mit einem Handrührgerät circa 2 Minuten schlagen.

2 Den Teig in eine gefettete und mit Mehl bestäubte Gugelhupfform gießen. Den Kuchen bei 175 °C 50 bis 60 Minuten backen (Stäbchenprobe).

3 Nach dem Backen kurz in der Form auskühlen lassen und anschließend aus der Form kippen und auf einem Kuchengitter vollständig erkalten lassen.

4 Vor dem Servieren mit Puderzucker bestreuen und mit geschlagener Sahne servieren.

Saftiger Schokoladenkuchen

1 Butter und Schokolade unter Rühren in einem Topf schmelzen lassen. Abkühlen lassen.

2 Eier und Zucker schaumig schlagen, bis sich der Zucker vollständig aufgelöst hat. Die abgekühlte Butter-Schokolade-Mischung dazugeben. Mandeln und Mehl mischen und unterrühren.

3 Backofen auf 180 °C vorheizen. Ein Backblech mit Backpapier belegen. Die Teigmasse auf das Backblech streichen. Den Kuchen im vorgeheizten Backofen 20 Minuten backen. Vor dem Servieren mit Puderzucker bestäuben.

Zutaten

für 1 Backblech

für den Teig
250 g Butter
250 g Zartbitterschokolade
6 Eier (Größe M)
200 g Zucker
250 g gemahlene Mandeln
100 g Mehl
Puderzucker zum Bestäuben

Zubereitungszeit: 20 Minuten
Backzeit: 20 Minuten
Temperatur:
180 °C (Umluft 160 °C)

Zutaten

für 4 Portionen

für die Früchte

500 g Rhabarber
Saft und Schalenabrieb von
2 Bio-Orangen
3 EL Zucker
2 Äpfel
1 Spritzer Zitronensaft
Butter für die Form

für die Streusel

100 g Butter
100 g Mehl
100 g gehackte Haselnüsse
25 g zarte Haferflocken
100 g Zucker

für das Topping

200 g Sahne
4 EL Eierlikör

Auflaufform, Ø ca. 24 cm

Zubereitungszeit: 10 Minuten
Backzeit: 10 + 30 Minuten
Temperatur: 190 °C
(Umluft 170 °C)

Rhabarber-Crumble

mit Eierlikörsahne

1 Den Backofen auf 190°C vorheizen. Den Rhabarber säubern, in ca. 4 cm lange Stücke schneiden und in eine gefettete Form füllen.

2 Orangensaft und -schale mit 2 EL Zucker erhitzen, bis sich der Zucker aufgelöst hat. Den Saft über den Rhabarber geben und für 10 Minuten in den Ofen stellen .

3 Die Äpfel vierteln, entkernen und schälen und in mundgerechte Stücke schneiden. Mit Zitronensaft und 1 EL Zucker vermischen. Den Rhabarber aus dem Ofen nehmen und die Äpfel untermischen.

4 Für die Streusel alle Zutaten vermischen und mit den Fingern zu Streuseln verreiben. Gleichmäßig über den Früchten verteilen. 30 Minuten backen, bis die Streusel goldgelb sind.

5 Für die Eierlikörsahne die Sahne steif schlagen, den Crumble damit servieren und den Eierlikör über die Sahne träufeln.

Schneller Apfelstrudel

1 Den Backofen auf 180 °C vorheizen. Die Äpfel schälen, vierteln, entkernen und in feine Würfel schneiden. Die Walnüsse in feine Blättchen schneiden (oder hacken).

2 In einer beschichteten Pfanne die Butter mit der Hälfte des Zuckers erhitzen. Die Apfelwürfel hineingeben und unter Rühren karamellisieren. Rosinen und Walnüsse zugeben, die Pfanne vom Herd nehmen.

3 Den Magerquark mit dem restlichen Zucker, dem Vanillezucker und dem Zitronenabrieb glatt rühren.

4 Den Blätterteig auf einem mit Mehl bestäubten Geschirrtuch zu einem Rechteck ausrollen. Die Quarkmasse gleichmäßig darauf verstreichen (rundum 2 cm Rand frei lassen). Die Apfelmischung auf dem Quark verteilen. Den Teig mit Hilfe des Geschirrtuches zu einer Rolle formen. Die seitlichen Ränder einschlagen und festdrücken. Den Strudel auf ein mit Backpapier belegtes Backblech legen.

5 Das Eigelb mit der Sahne verrühren und die Oberfläche des Strudels damit bestreichen. Den Strudel ca. 30 Minuten backen, bis er eine goldbraune Oberfläche hat.

TIPP

Servieren Sie den lauwarmen Apfelstrudel mit Vanilleeis – ein Gedicht!

Zutaten

für 4 Portionen

für Teig und Füllung

3 säuerliche Äpfel, z. B. Boskoop
50 g Walnüsse
30 g Butter
60 g Zucker
30 g Rosinen
250 g Magerquark
1 Päckchen Vanillezucker
¼ TL Abrieb von einer Biozitrone
275 g Blätterteig, TK
1 Eigelb
2 EL Sahne

Zubereitungszeit: 20 Minuten
Backzeit: 30 Minuten
Temperatur: 180 °C (Umluft 160 °C)

Zutaten

für 1 Backblech

für den Teig
- 200 g Quark, abgetropft
- 125 ml Milch
- 1 Ei (Größe M)
- 1 Eigelb
- 125 ml Öl
- 200 g Zucker
- 1 TL Abrieb einer Biozitrone
- 1 Prise Salz
- 450 g Mehl
- 1 Päckchen Backpulver

für den Belag
- 400 g Schmand
- 2 Päckchen Vanillezucker
- 1 TL Abrieb einer Bioorange
- 100 g gehackte Mandeln
- 1 kg frische Brombeeren

für die Streusel
- 250 g Mehl
- 50 g gemahlene Mandeln
- 200 g Zucker
- 225 g kalte Butter
- 125 g Johannisbeergelee
- 1 EL Obstler

Zubereitungszeit: 25 Minuten
Backzeit: 25 Minuten
Temperatur: 200 °C (Umluft 180 °C)

Brombeer-Schmand-Kuchen

1 Den Quark durch ein Sieb in eine Schüssel streichen. Milch, Ei, Eigelb, Öl, Zucker, Zitronenabrieb und Salz damit verrühren. Mehl und Backpulver vermengen, sieben und mit dem Quark mischen.

2 Das Backblech mit Backpapier belegen. Den Teig auf einer bemehlten Fläche ausrollen und auf das Backblech geben, den Rand hochziehen. Schmand, Vanillezucker und Orangenabrieb verrühren, den Teig damit bestreichen. Mandeln aufstreuen. Brombeeren waschen, abtropfen und auf der Schmandmasse verteilen.

3 Für die Streusel das Mehl sieben und mit den Mandeln und dem Zucker vermengen. Die Butter in Stückchen zugeben. Mit den Händen Streusel formen und auf den Brombeeren verteilen.

4 Den Kuchen im vorgeheizten Backofen bei 200 °C etwa 25 Minuten backen. Das Johannisbeergelee mit dem Obstler erwärmen und den fertig gebackenen Kuchen damit überziehen.

Tarte Tatin

1 Den Backofen auf 220 °C vorheizen. Die Äpfel schälen, achteln und das Kerngehäuse ausschneiden.

2 Den Boden einer ofenfesten Pfanne (Ø 24 cm) mit 1–2 EL weicher Butter ausstreichen und mit 2 EL des Zuckers bestreuen. Den restlichen Zucker in einem Topf bei mittlerer Hitze schmelzen lassen. Die restliche Butter zugeben und unter Rühren goldbraun karamellisieren lassen. Den Karamell auf dem Pfannenboden verteilen.

3 Die Hälfte der Apfelspalten mit der Rundung nach unten kreisförmig dicht an dicht auf den Pfannenboden legen, die restlichen Äpfel mit der Rundung nach oben dazwischen legen, sodass eine fast geschlossene Apfelschicht entsteht. Eine Alufolie direkt über die Äpfel legen und an der Seite, zwischen Äpfel und Pfannenrand, einschlagen.

4 Die Pfanne auf dem Herd bei mäßiger Temperatur erhitzen. Sobald Saft aus den Äpfeln austritt, die Folie entfernen und den Saft einkochen lassen (ca. 10–15 Minuten).

5 Den Blätterteig auf einer bemehlten Arbeitsfläche zu einem ca. 28 cm großen Kreis ausrollen, mit einer Gabel mehrmals einstechen, über die Äpfel legen, leicht andrücken und am Rand einschlagen. Die Pfanne in den Ofen stellen und die Tarte 20 Minuten backen, herausnehmen, mit einem Teller beschweren und auskühlen lassen.

6 Die Pfanne auf dem Herd leicht wiedererwärmen, damit sich der Karamell vom Boden löst. Eine Kuchenplatte auf die Pfanne legen und die Tarte aus der Pfanne stürzen.

TIPP

Mit halbfest geschlagener Sahne servieren.

Zutaten

für 4–6 Stücke

für Teig und Belag

1,6 kg säuerliche Äpfel, z. B. Boskop oder Renette
120 g weiche Butter
200 g Zucker
200 g Blätterteig, TK oder Kühlregal

Zubereitungszeit: 30 Minuten
Backzeit: 20 Minuten
Temperatur: 220 °C (Umluft 200 °C)

Buttermilchkuchen
mit Walnüssen

Zutaten

für 1 Backblech

für den Teig
- 500 g Mehl
- 300 g Zucker
- 2 Päckchen Backpulver
- 2 Eier (Größe M)
- 1 Prise Salz
- 440 g Buttermilch

für den Belag
- 250 g Walnusskerne
- 200 g Zucker
- 400 g Sahne

Zubereitungszeit: 20 Minuten
Backzeit: 30–40 Minuten
Temperatur: 180 °C
(Umluft 160 °C)

1 Den Backofen auf 180 °C vorheizen. Mehl, Zucker, Backpulver, Eier, Salz und Buttermilch verrühren. Das Backblech mit Backpapier belegen. Den flüssigen Teig auf das Blech streichen.

2 Die Walnusskerne fein hacken, mit dem Zucker vermischen und auf dem Teig verteilen.

3 Den Kuchen im vorgeheizten Backofen 30 bis 40 Minuten goldgelb backen. Die Sahne über den Kuchen gießen und weitere 5 Minuten backen, bis die Walnusskruste braun ist.

Mandarinen-
Joghurt-Kuchen

1 Eier und Zucker schlagen, bis sich der Zucker vollständig gelöst hat. Mehl und Backpulver vermengen und zusammen mit dem Zitronenabrieb nach und nach unterrühren.

2 Ofen auf 170 °C vorheizen. Ein Backblech mit Backpapier auslegen. Den Teig auf das Backblech streichen und im vorgeheizten Backofen 10 Minuten backen.

3 Die Gelatine in kaltem Wasser 5 Minuten einweichen, ausdrücken und mit 2 EL Joghurt in einem kleinen Topf bei geringer Hitze erwärmen, bis sie sich gelöst hat. Den restlichen Joghurt mit Puderzucker und Vanillezucker verrühren. Davon zunächst 2–3 EL in die Gelatinemasse rühren, dann diese in den übrigen Joghurt rühren. Kühl stellen.

4 Die Mandarinen in einem Sieb abtropfen lassen. Sahne steif schlagen. Wenn die Joghurtmasse zu gelieren beginnt, esslöffelweise unter die Sahne rühren. Die Creme auf dem Kuchen verstreichen und nach Belieben mit Mandarinen verzieren.

Zutaten

für 1 Backblech

für den Teig

5 Eier (Größe M)
150 g Zucker
150 g Mehl
1 Msp. Backpulver
1 TL Abrieb einer Biozitrone

für den Belag

9 Blätter Gelatine
600 g Joghurt (1,5 %)
100 g Puderzucker
1 Päckchen Vanillezucker
1 kleine Dose Mandarinen
(ca. 175 g Füllmenge)
600 g Sahne

Zubereitungszeit: 40 Minuten
Backzeit: 10 Minuten
Kühlzeit: 1–2 Stunden
Temperatur:
170 °C (Umluft 150 °C)

Zutaten

für 1 Backblech

für Teig und Füllung

6 Eier (Größe M)
250 g Zucker
500 g Magerquark
500 g Mascarpone
400 g Crème fraiche
75 g Mehl
1 Packung fertiger Mürbeteig (350 g, Kühlregal)
30 g Espressobohnen
1 Päckchen Vanillezucker
1 EL Kaffeelikör

Zubereitungszeit: 20 Minuten
Backzeit: 25 Minuten
Temperatur: 200 °C (Umluft 180 °C)

Latte-Macchiato-Käsekuchen

1 Die Eier trennen und die Eiweiße zu steifem Schnee schlagen. Die Hälfte des Zuckers nach und nach unterrühren und so lange rühren, bis der Eischnee glänzt.

2 Eigelbe, Quark, Mascarpone, Crème fraîche, den restlichen Zucker und das Mehl glatt verrühren. Den Eischnee unterheben.

3 Den Mürbeteig mit dem anhaftenden Backpapier auf einem Backblech auslegen. Den Backofen auf 200 °C vorheizen.

4 Die Espressobohnen mit einem scharfen Messer oder dem Blitzhacker fein hacken. Die Hälfte der Quarkcreme in eine zweite Schüssel füllen und mit Vanillezucker, Kaffeelikör und 1 EL gehackten Espressobohnen verrühren.

5 Helle und dunkle Quarkmasse in Klecksen auf dem Mürbeteig verteilen, mit einer Gabel ein Marmormuster in die Quarkmasse ziehen. Im Backofen ca. 25 Minuten backen. Aus dem Ofen nehmen, abkühlen lassen, in Stücke schneiden und mit den restlichen Espressobohnen bestreuen.

Ricotta-Quark-
Kirschkuchen

1 Den Backofen auf 190 °C vorheizen. Die Kirschen waschen und entsteinen.

2 Die Eier mit Salz, Zucker und 1 EL heißem Wasser etwa 3 Minuten cremig aufschlagen. Vanillezucker und Zimt unter die Eicreme mischen. Ricotta, Quark und Vollkorngrieß unterrühren. Die Kirschen unterheben.

3 Die Springform mit Backpapier auslegen, die Kirsch-Quark-Masse einfüllen und glatt streichen. Im Backofen etwa 45 Minuten backen.

4 Den Kuchen herausnehmen und auf einem Kuchengitter 10 Minuten abkühlen lassen. Den Springformrand entfernen und den Kuchen vollständig abkühlen lassen. Vor dem Servieren mit Puderzucker bestäuben.

TIPP

Wer es noch saftiger mag, serviert eine Vanille- oder Karamellsauce dazu – toll auch als Dessert!

Zutaten

für 8 Stücke

für Teig und Füllung
500 g Sauerkirschen
3 Eier (Größe M)
1 Prise Salz
100 g Roh-Rohrzucker
1 Päckchen Vanillezucker
½ TL Zimt
250 g Ricotta
100 g Magerquark
90 g Vollkorngrieß
2 TL Puderzucker

Springform, Ø 20 cm
Backpapier

Zubereitungszeit: 20 Minuten
Backzeit: 45 Minuten
Temperatur: 190 °C (Umluft 175 °C)

Cheesecake-Brownies

Zutaten

für 1 Brownieblech

für den Teig

100 g Butter
150 g brauner Zucker
2 Eier (Größe M)
200 g Mehl
1 TL Backpulver
2 EL Kakao
8 EL Milch
50 g gemahlene Mandeln
1–2 EL Amaretto
100 g Schokotropfen

für die Käsemasse

125 g Doppelrahm-Frischkäse
75 g Joghurt (3,5% Fett)
1 Ei (Größe M)
2 EL Zucker
1–2 TL Vanille-Puddingpulver

Brownieblech (20 x 20 cm), gefettet, oder Backrahmen, ein Backblech und Backpapier

Zubereitungszeit: 30 Minuten
Backzeit: 45 Minuten
Temperatur: 160 °C
(Umluft 140 °C)

1 Den Backofen auf 160 °C vorheizen und das Brownieblech einfetten bzw. den Backrahmen auf ein mit Backpapier ausgelegtes Backblech auf die Größe 20 x 20 cm einstellen.

2 Für den Rührteig die Butter und den Zucker schaumig rühren. Eier trennen, Eigelbe unter die Butter-Zucker-Masse rühren. Mehl, Backpulver und Kakao mischen, sieben und abwechselnd mit der Milch einrühren. Mandeln, Amaretto und Schokotropfen unterrühren. Eiweiße steif schlagen und unter den Teig heben. Teig in die Form bzw. in den Backrahmen geben und glatt streichen.

3 Für die Käsemasse Frischkäse, Joghurt, Ei, Zucker und Vanille-Puddingpulver zusammenrühren und auf den Schokoteig geben. Mit einer Gabel leicht unterziehen. Das Ganze im heißen Backofen ca. 45 Minuten backen.

Himbeer-
Sahne-Rolle

1 Den Backofen auf 180 °C vorheizen.

2 Die Eier trennen. Eigelb mit 3 EL lauwarmem Wasser schaumig schlagen. Zucker und Vanillezucker zugeben, weiter schlagen, bis die Masse cremig ist. Das Eiweiß steif schlagen, auf die Eigelbmasse geben. Mehl, Speisestärke und Backpulver vermischen, auf den Eischnee sieben. Alles unter die Eigelbmasse ziehen. Nicht rühren.

3 Ein Backblech mit Backpapier auslegen, den Teig dünn und gleichmäßig darauf streichen. Sofort im vorgeheizten Backofen bei 180 °C etwa 10–12 Minuten backen.

4 Ein Geschirrtuch mit Zucker bestreuen. Den Biskuit nach dem Backen darauf stürzen. Das Backpapier mit kaltem Wasser bestreichen und abziehen. Ringsum von der Kuchenplatte den knusprigen Rand abschneiden, dann die Kuchenplatte sofort mit Hilfe des Geschirrtuches aufrollen. Wenn die Rolle abgekühlt ist, vorsichtig aufwickeln.

5 Für die Füllung die Sahne mit dem Salz, Vanillezucker, Zucker und Sahnefestiger steif schlagen. Die Sahne auf die Kuchenplatte streichen, dabei einen 5 cm breiten Rand lassen. Die Himbeeren auf der Sahne anordnen und die Teigplatte zur Rolle formen. Mit Puderzucker bestäuben und mit Himbeeren dekorieren. Bis zum Servieren kalt stellen.

Zutaten

für 10–12 Stücke

für den Teig

4 Eier (Größe L)
3 EL warmes Wasser
125 g Zucker
1 Päckchen Bourbon-Vanillezucker
100 g Mehl
30 g Speisestärke
½ TL Backpulver

für Füllung und Dekor

375 ml Sahne
1 Prise Salz
1 Päckchen Bourbon-Vanillezucker
2 EL Zucker
1½ Päckchen Sahnefestiger
300 g Himbeeren, frisch oder TK
Puderzucker zum Bestäuben
Himbeeren zum Dekorieren

Backblech, Backpapier

Zubereitungszeit: 30 Minuten
Backzeit: 10–12 Minuten
Temperatur: 180 °C (160 °C Umluft)

Kleine Kokostorte

Zutaten

für 8 Stücke

für den Teig
- 90 g weiche Butter
- 135 g Zucker
- 3 Eier (Größe M)
- 1 Päckchen Vanillezucker
- 150 g Mehl
- 1 TL Backpulver
- 30 g Mandelpuddingpulver
- 3 EL Milch
- 60 g Kokosraspel
- 2–3 EL Kokos- oder Mandellikör zum Beträufeln nach Belieben

für die Füllung
- 400 g Sahne
- 4–5 EL Himbeerkonfitüre

für die Dekoration
- Kokos-Chips
- kleine Zuckerherzen

Springform, Ø 20 cm

Zubereitungszeit: 30 Minuten
Backzeit: 30 Minuten
Temperatur: 180 °C
(Umluft 160 °C)

1 Den Backofen auf 180 °C vorheizen. Die Form fetten und mit Mehl bestäuben.

2 Für den Rührteig die Butter mit etwas Zucker weiß-schaumig schlagen. Die Eier einzeln zugeben und sorgfältig unterrühren. Übrigen Zucker und Vanillezucker dazugeben. Mehl, Backpulver und Puddingpulver mischen. Nach und nach mit der Milch zur Buttermasse geben und sorgfältig unterrühren. Zuletzt die Kokosraspel unterheben. Den Teig in die Form füllen und im heißen Ofen (Mitte) ca. 30 Minuten backen.

3 Herausnehmen und auskühlen lassen. Dann vorsichtig aus der Form lösen und den Boden einmal waagerecht durchschneiden. Den unteren Boden nach Belieben mit Likör beträufeln.

4 Für die Füllung die Sahne steif schlagen. Konfitüre und die Hälfte der Sahne darauf streichen. Den zweiten Boden auflegen, leicht andrücken. Die Torte mit der übrigen Sahne ringsum überziehen, mit Kokos-Chips und Zuckerherzen bestreuen.

Himbeerpavlova

1 Das Eiweiß steif schlagen, dabei den Puderzucker nach und nach zugeben. So lange schlagen, bis eine sehr dicke, glänzende Masse entstanden ist.

2 Den Backofen auf 120 °C vorheizen. Aus dem Eischnee 2 Kreise von etwa 18 cm Durchmesser auf ein mit Backpapier belegtes Blech streichen und 25 Minuten backen. Anschließend den Ofen ausschalten und die Baiserteile weitere 30 Minuten trocknen lassen. Dann aus dem Ofen nehmen und komplett auskühlen lassen.

3 Die Sahne steif schlagen, auf beiden Baiserböden verteilen und mit den Himbeeren belegen. Einen Boden vorsichtig auf den anderen setzen.

TIPP

Die Sahne kann zusätzlich mit dem Mark einer Vanilleschote verfeinert werden.

Zutaten

für 4 Portionen

für die Baisermasse

4 Eiweiße (150 ml)
240 g Puderzucker

für den Belag

1 kg Sahne
500 g Himbeeren

Backpapier und -blech

Zubereitungszeit: 20 Minuten
Backzeit: 25 Minuten
Trockenzeit: 30 Minuten
Temperatur: 120 °C (Umluft 100 °C)

Zutaten

für 8 Stücke

für den Teig

100 g weiche Butter
125 g Zucker
½ Päckchen Vanillezucker
2 Eier (Größe M)
110 g Mehl
½ TL Backpulver
½ Päckchen Vanillepuddingpulver
1 EL Zitronensaft
Abrieb von ½ Biozitrone
80 ml Sekt oder Prosecco

für Füllung und Dekor

400–600 g Sahne
50 g Puderzucker
Abrieb einer Biozitrone
1 Biozitrone
25 g Pistazien, gehackt

Springform, Ø 20 cm
Backpapier

Zubereitungszeit: 30 Minuten
Backzeit: 25 Minuten
Temperatur: 175 Grad
(155 Grad Umluft)
Kühlzeit: ca. 60 Minuten

Sekttorte

mit Zitronensahne

1 Den Backofen auf 175 °C vorheizen und die Springform mit Backpapier auslegen. Den Rand einfetten und mit Mehl bestäuben.

2 Die Butter weiß-schaumig schlagen, dabei Zucker und Vanillezucker einrieseln lassen. Die Eier einzeln nacheinander jeweils 1 Minute unterrühren. Mehl mit Backpulver und Puddingpulver mischen, mit Zitronensaft und Zitronenabrieb unter die Buttermasse rühren. Den Teig in die Form füllen und im vorgeheizten Backofen auf der mittleren Schiene bei 175 °C ca. 25 Minuten backen. Herausnehmen und etwas abkühlen lassen.

3 Den Boden vorsichtig aus der Form lösen und mit einem Holzstäbchen mehrfach einstechen. Den Sekt gleichmäßig auf den Boden träufeln. Den Boden vollständig auskühlen lassen.

4 Für die Zitronensahne die Sahne mit Puderzucker und Zitronenabrieb steif schlagen. Mit etwa 400 g Sahne ringsum die Torte bestreichen. Die übrige Sahne in einen Spritzbeutel mit Rosentülle füllen und dicke Wellen auf die Torte spritzen.

5 Für die Dekoration die Zitrone halbieren und in dünne Scheiben schneiden. Die Torte mit Zitronenscheiben und gehackten Pistazien dekorieren.

Luftige
Erdbeertorte

1 Den Backofen auf 180 °C vorheizen. Den Boden der Backform mit Backpapier auslegen.

2 Für den Teig Mehl und Speisestärke in einer Schüssel mischen. Die Eier mit Zucker, Salz und Zitronenabrieb mit den Schlagbesen des Rührgerätes 5–8 Minuten dick-cremig aufschlagen, bis sich der Zucker gelöst hat. Die Mehlmischung darüber sieben und mit einem Schneebesen zügig unterheben.

3 Den Teig in die Form füllen und im heißen Ofen (Mitte) ca. 20 Minuten goldbraun backen. Herausnehmen, in der Form auf einem Kuchengitter etwas abkühlen lassen, dann vorsichtig aus der Form stürzen und vollständig auskühlen lassen. Für den Belag die Erdbeeren waschen, trocken tupfen und klein schneiden.

4 Für die Puddingcreme Eiweiße steif schlagen, dabei den Zucker einrieseln lassen. Aus Puddingpulver, Milch und Sahne nach Packungsanleitung (aber ohne Zucker) einen Pudding kochen. Den Pudding vom Herd nehmen. Ein Drittel des Eischnees unter den fast noch kochenden Pudding rühren. Übrigen Eischnee zügig unterheben. Die Puddingcreme auf den Tortenboden geben und gleichmäßig verstreichen. Die vorbereiteten Erdbeeren darauf verteilen.

5 Den Tortenguss nach Packungsanleitung zubereiten. Den Guss von der Mitte aus über die Beeren verteilen und fest werden lassen.

Zutaten

für 12 Stücke

für den Teig

60 g Mehl
40 g Speisestärke
3 Eier (Größe M)
100 g Zucker
1 Prise Salz
etwas abgeriebene Bio-Zitronenschale

für den Belag

500–800 g frische Erdbeeren
1 Päckchen klarer Tortenguss

für die Puddingcreme

2 Eiweiße (Größe M)
30 g Zucker
½ Päckchen Vanille-Puddingpulver
100 ml Milch
100 g Sahne

Springform, Ø 28 cm

Zubereitungszeit: 30 Minuten
Backzeit: 20 Minuten
Temperatur: 180 °C (Umluft 160 °C)

Kleines zum Vernaschen

Knusprige Schaumrolle mit Kaffeesahne 55
Portugiesische Törtchen 56
Schnelle Blaubeertörtchen 59
Nektarinen-Blätterteig-Tartelettes 60
Spitztüten mit Minzequark 63
Haselnuss-Biscotti 64
Kirsch-Cashew-Muffins 67
Muffins mit Eierlikörpudding 68
Schmetterling-Cupcakes 71
Mini-Marmorkuchen mit Likör 72
Elfentörtchen 75
Mini-Pralinés 76
Cakepop-Herzen 78
Kirsch-Cakepops 79
Schoko-Sharon-Mug Cake 80
Blaubeer-Mug Cake 83
Chocolationo-Mug Cake 84
Himbeer-Mandel-Mug Cake 86

Knusprige Schaumrolle mit Kaffeesahne

1 Backofen auf 200 °C vorheizen. Blätterteig aufrollen und in vier gleich breite Streifen schneiden. Die Schaumrollen-Formen mit Wasser benetzen. Den Teigstreifen überlappend um die Form wickeln. Das Eigelb mit der Sahne verquirlen und die Rollen damit bestreichen, 10 Minuten einwirken lassen.

2 Die Rollen auf ein mit Backpapier belegtes Backblech mit der Verschlussseite nach unten legen. 15 Minuten im vorgeheizten Ofen backen. Die Rollen aus dem Ofen nehmen, vom Rohr ziehen und 15 Minuten auskühlen lassen.

3 Die Sahne schlagen. Den Mascarpone, das Kaffeepulver und den Kaffeelikör zu einer glatten Masse verrühren. Das Gelatine-Fix hinzugeben und gut vermischen. Die Sahne vorsichtig unterheben. Zum Schluss die schokolierten Espressobohnen dazugeben.

4 Die Füllung in einen Spritzbeutel mit großer Öffnung geben und in die Schaumrollen von beiden Seiten spritzen. Die Enden jeweils mit einer schokolierten Espressobohne versehen. Sofort servieren.
Die restliche Creme kann in einem kleinen Schälchen gereicht werden.

Zutaten

für 4 Schaumrollen

für den Teig
1 Packung Blätterteig (275 g), backfertig ausgerollt
1 Eigelb (Größe M)
2 EL Sahne

für die Füllung
200 g Sahne
100 g Mascarpone
2 TL löslichen Kaffee
50 ml Kaffeelikör
1 Päckchen Gelatine-Fix, 15 g
40 g schokoloierte Espressobohnen

Schaumrollen-Formen (13 cm)
Backblech
Spritzbeutel

Zubereitungszeit: 30 Minuten
Backzeit: 15 Minuten
Temperatur: 200 °C (Umluft 180 °C)

Zutaten

für 12 Törtchen

für den Teig

275 g Blätterteig, Kühlregal

für die Puddingcreme

300 ml Milch
200 g Sahne
1 Päckchen Vanille-puddingpulver
40 g Zucker
1 Prise Salz
1 Ei (Größe M)
1 TL Butter

12er Muffinform
kreisrunder Ausstecher, Ø 10 cm

Zubereitungszeit: 25 Minuten
Backzeit: 30 Minuten
Temperatur: 200 °C (180 °C Umluft)

Portugiesische Törtchen

1 Den Blätterteig entrollen. Aus dem Teig 10 Kreise à 10 cm Durchmesser ausstechen. Aus den Teigresten zwei weitere Kreise ausstechen. Die Teigkreise in die Mulden eines Muffinblechs legen, leicht andrücken und den Teig am Boden mit einer Gabel mehrfach einstechen. Kalt stellen.

2 Den Backofen auf 200 °C vorheizen.

3 Für die Füllung die Milch mit der Sahne verrühren. Puddingpulver mit Zucker, Salz, 4–5 EL der Milch-Sahne-Mischung und dem Ei verrühren. Die übrige Milchmischung mit der Butter aufkochen. Das angerührte Puddingpulver einrühren und unter Rühren 1 Minute kochen lassen. Pudding vom Herd nehmen und auf die Teigmulden verteilen. Die Törtchen im vorgeheizten Backofen ca. 30 Minuten backen.

Schnelle
Blaubeertörtchen

1 Die Butter zerlassen, die Eier trennen. Eigelb in eine Schüssel geben. 4 EL warmes Wasser zufügen, alles schaumig schlagen. Zucker unterrühren und weiter schlagen. Die ausgekühlte flüssige Butter einrühren. Eiweiß mit dem Salz steif schlagen. Mehl, Speisestärke und Backpulver vermischen. Den Eischnee auf die Eigelbmasse geben, die Mehlmischung darübersieben und zusammen mit dem Eischnee unterziehen.

2 Die Backförmchen einfetten und mit Mehl ausstreuen. Jeweils 2 bis 3 EL Teig in die Förmchen füllen und glatt streichen. Sofort im vorgeheizten Ofen bei 180 °C (Umluft 160 °C) etwa 12 Minuten backen. Kurz in den Förmchen lassen, dann zum Abkühlen auf ein Kuchengitter setzen.

3 Das Gelee leicht erwärmen, den Obstgeist (oder 1 EL Wasser oder Saft) einrühren. Die Torteletts dünn mit Gelee bestreichen, die Blaubeeren darauf geben (TK-Beeren gefroren auflegen), das restliche Gelee über den Beeren verteilen. Mit geschlagener Sahne servieren.

TIPP
Diese schnellen Törtchen schmecken auch mit jeder anderen Frucht gut.

Zutaten

für 8 Törtchen

für den Teig

50 g Butter
4 Eier (Größe L)
4 EL warmes Wasser
125 g Zucker
1 Prise Salz
100 g Mehl
30 g Speisestärke
½ TL Backpulver

für den Belag

250 g Johannisbeergelee
evtl. 1 EL Obstgeist
600 g Blaubeeren (frisch oder TK-Ware)

8 Backförmchen, Ø 10 cm

Zubereitungszeit: 20 Minuten
Backzeit: 12 Minuten
Temperatur: 180 °C (Umluft 160 °C)

Nektarinen-Blätterteig-Tartelettes

Zutaten

für 12 Tartelettes

für Teig und Belag

2 Packungen TK-Blätterteig (à 450 g)
4 EL Zitronensaft
4 EL Honig
6 reife Nektarinen
400 g Sahne
1 kräftige Prise Zimt
2 EL Puderzucker

kreisrunder Ausstecher, Ø 10 cm
Backblech
Backpapier

Zubereitung: 20 Minuten
Backzeit: 15-20 Minuten
Temperatur: 200 °C (Umluft 180 °C)

1 Den Blätterteig 5 bis 10 Minuten leicht auftauen lassen und 12 Kreise mit 10 cm Durchmesser ausstechen.

2 Ein Backblech mit Backpapier auslegen und die Kreise darauf verteilen. Den Zitronensaft mit dem Honig verrühren und die Teigkreise damit bestreichen. Es sollte noch etwas von der Honigmasse übrigbleiben. Den Backofen auf 200 °C vorheizen.

3 Die Nektarinen halbieren, die Steine entfernen und die Früchte in feine halbe Scheiben schneiden. Die Blätterteigkreise damit dachziegelartig kreisförmig belegen, dabei einen ca. 1 cm breiten Rand frei lassen.

4 Die Nektarinen mit der restlichen Honigmasse bestreichen und die Tartelettes im Ofen 15 bis 20 Minuten goldbraun backen. Auf einem Kuchengitter abkühlen lassen.

5 Inzwischen die Sahne steif schlagen, dabei Zimt und Puderzucker nach und nach einrieseln lassen. Die Tartes lauwarm oder abgekühlt mit der Zimtsahne servieren.

TIPP

Diese leckeren Törtchen schmecken, je nach Saison, auch mit anderem Steinobst wie Pfirsichen oder Pflaumen.

Spitztüten
mit Minzequark

1 Den Backofen auf 180 °C vorheizen. Aus Backpapier tellergroße Kreise schneiden und halbieren. Vier Kelchgläser beiseitestellen.

2 Die Eier trennen. In einer Schüssel Eigelb mit 2 EL warmem Wasser schaumig schlagen. Nach und nach Zucker und Vanillezucker zugeben und rühren, bis die Masse cremig ist. Das Eiweiß mit dem Salz steif schlagen und auf die Eigelbmasse geben. Mehl, Speisestärke und Backpulver vermischen, auf den Eischnee sieben, alles unter die Eigelbmasse ziehen. Nicht rühren.

3 Je vier Papierhalbkreise auf ein Backblech legen und dünn und gleichmäßig mit Teig bestreichen. Sofort im vorgeheizten Backofen bei 180 °C 6–8 Minuten backen. Die Teighalbkreise sofort vom Papier lösen und in ein Glas gleiten lassen, sodass sich Tütchen formen. Etwas abkühlen lassen, herausziehen und auf ein Kuchengitter legen.

4 Für die Füllung die Sahne steif schlagen. Den Quark mit Minze und Zucker verrühren, dann die Sahne unterheben. Das Obst vorbereiten. Die Tütchen mit der Sahne-Quark-Masse füllen, mit Obst, Minze und Orangenschale verzieren und sofort servieren.

Zutaten

für 8 Spitztüten

für den Teig

4 Eier (Größe L)
2 EL warmes Wasser
200 g Zucker
1 Päckchen Bourbon-Vanillezucker
1 Prise Salz
125 g Mehl
100 g Speisestärke
1 TL Backpulver

für Füllung und Dekoration

250 g Sahne
150 g Sahnequark, abgetropft
1 EL Minze, fein geschnitten
2 EL Zucker
500 g Beerenobst nach Wahl
Minzeblättchen zum Verzieren
1 Bioorange, in feine Streifen geschnitten

4 Kelchgläser, Backpapier

Zubereitungszeit: 25 Minuten
Backzeit: 6–8 Minuten
Temperatur: 180 °C (160 °C Umluft)

Zutaten

für 24 Biscotti

für den Teig

300 g Mehl, gesiebt,
2 EL für das Blech
1 TL Backpulver
170 g Zucker
Mark von 1 Vanilleschote
1 Prise Salz
2 Eier (Größe M)
2 Eigelbe
100 g Haselnusskerne
60 g gemahlene Haselnüsse
3 EL Butter zum Einfetten
2 EL Sahne

1 Backblech

Zubereitung: 20 Minuten
Backzeit: 25 Minuten
Temperatur: 180 °C
(Umluft 160 °C)

Haselnuss-Biscotti

1 Mehl, Backpulver und Zucker in einer Schüssel vermengen und mit Vanillemark, Salz, Eiern und 1 Eigelb verrühren. Mit den ganzen und den gemahlenen Haselnüssen zu einem gleichmäßigen, weichen Teig verarbeiten.

2 Den Backofen auf 180 °C vorheizen. Ein Backblech mit Butter einfetten und mit etwas Mehl bestäuben.

3 Aus dem Teig Rollen von ca. 2,5 cm Durchmesser formen. Das restliche Eigelb mit Sahne verquirlen und die Rollen damit einstreichen. Auf dem Backblech etwa 20 Minuten goldbraun backen.

4 Die Rollen aus dem Ofen nehmen (Ofentür wieder schließen), etwas abkühlen lassen, dann in 2 cm dicke Scheiben schneiden. Diese anschließend so auf dem Blech verteilen, dass sie sich nicht berühren. Nochmals 5 Minuten backen. Die fertigen Biscotti auf einem Gitter auskühlen lassen.

TIPP

Die Biscotti harmonieren hervorragend mit einem süßen Dessertwein und bilden den gelungenen Abschluss eines mehrgängigen Menüs.

Kirsch-Cashew-
Muffins

1 Die Kirschen waschen und entsteinen. Den Backofen auf 180 °C vorheizen.

2 Joghurt, Eier und Zucker in einer Schüssel glatt rühren. Mehl und Vollkornmehl mit Backpulver mischen, dazusieben und unterrühren.

3 Die Cashewkerne grob hacken. Zusammen mit den Kirschen in den Teig rühren und auf die Papierförmchen verteilen.

4 Die gefüllten Papierförmchen in die Mulden eines Muffinblechs setzen und im Backofen etwa 30 Minuten backen, auf einem Kuchengitter abkühlen lassen.

TIPP
Wer mag, kann auch Hasel-, Wal- oder Pekannüsse nehmen.

Zutaten

für 12 Muffins

für den Teig
150 g Sauerkirschen
300 g Vanillejoghurt
2 Eier (Größe M)
150 g Roh-Rohrzucker
150 g Mehl
150 g Vollkorn-Weizenmehl
2 TL Backpulver
50 g Cashewkerne

12 Muffin-Papierförmchen
12er Muffinblech

Zubereitung: 15 Minuten
Backzeit: 30 Minuten
Temperatur: 180 °C (Umluft 160 °C)

Muffins
mit Eierlikörpudding

Zutaten

für 12 Muffins

für den Teig
- 120 g weiche Butter
- 160 g Zucker
- 2 Eier (Größe M)
- 240 g Mehl
- 2 TL Backpulver
- 120 ml Milch
- 75 g Schokoladentröpfen

für den Pudding
- 1 Päckchen Sahne-Puddingpulver
- 300 ml Milch
- 200 ml Eierlikör
- 40 g Zucker
- 200 g Sahne
- Eierlikör zum Beträufeln
- Puderzucker zum Bestäuben

12er Muffinform

Zubereitungszeit: 20 Minuten
Backzeit: 15 Minuten
Kühlzeit: 1 Stunde
Temperatur: 200 °C
(Umluft 180 °C)

1 Den Ofen auf 200 °C vorheizen. Mit dem Rührgerät die Butter mit dem Zucker weiß-cremig schlagen. Die Eier einzeln zugeben und gut unterrühren.

2 Mehl und Backpulver vermengen und über die Buttermasse sieben. Milch zugießen. Alles zu einem glatten Teig verrühren. Zuletzt die Schokotröpfchen unterheben. Die Muffinform mit Butter einfetten und mit Mehl bestäuben. Den Teig in die Mulden der Muffinform füllen. Im vorgeheizten Ofen auf der mittleren Schiene ca. 15 Minuten goldgelb backen. Nach dem Backen die leicht abgekühlten Muffins aus der Muffinform kippen. Die Muffins halbieren, die unteren Hälften wieder in die Form setzen.

3 Für den Pudding das Puddingpulver mit 3–4 EL von der Milch verrühren. Die übrige Milch mit dem Eierlikör und dem Zucker zum Kochen bringen. Das angerührte Puddingpulver zugießen und unter ständigem Rühren 1 Minute kochen lassen. Vom Herd nehmen und heiß esslöffelweise auf die Muffinböden verteilen, glatt streichen.

4 Den Pudding fest werden lassen. Vor dem Servieren die Sahne schlagen und Sahne auf die Puddingmuffins geben. Nach Belieben mit Eierlikör beträufeln. Die Teigdecken darauf setzen und mit Puderzucker bestäuben.

TIPP

Der Eierlikör kann durch 200 ml Sahne oder Milch ersetzt werden.

Schmetterling-Cupcakes

1 Den Backofen auf 180 °C vorheizen. Mehl und Backpulver in einer Schüssel mischen. Zucker, Butter in Stückchen, Milch und Eier zufügen. Mit den Schlagbesen des Rührgeräts zu einem glatten Teig verrühren, dabei nicht zu lange rühren.

2 Den Teig esslöffelweise in die Mulden füllen. Im heißen Backofen (Mitte) ca. 25 bis 30 Minuten goldbraun backen. Herausnehmen, auskühlen lassen.

3 Für die Creme aus Puddingpulver, Milch und Zucker nach Packungsanleitung einen Pudding kochen. Den Pudding in eine Schüssel füllen, dabei gelegentlich umrühren.

4 Die Sahne steif schlagen und unter den erkalteten Pudding heben. Von den Törtchen kleine Deckel abschneiden und diese halbieren. Die Puddingsahne teelöffelweise auf die Törtchen verteilen. Die Deckelhälften wie Schmetterlingsflügel hineinstecken und die Törtchen mit Puderzucker bestäuben.

Zutaten

für 12 Cupcakes

für den Teig
275 g Mehl
2 TL Backpulver
120 g Zucker
125 g weiche Butter
125 ml Milch
2 Eier (Größe M)

für die Puddingcreme
½ Päckchen Vanillepuddingpulver
200 ml Milch
20 g Zucker
50 g Sahne

Puderzucker zum Bestäuben
12er Muffinblech, gefettet und bemehlt

Zubereitungszeit: 20 Minuten
Backzeit: 25-30 Minuten
Temperatur: 180 °C (Umluft 160 °C)

Mini-Marmorkuchen mit Likör

Zutaten

für 18 Mini-Gugelhupfe

für den Teig
80 g Mehl
20 g Speisestärke
1 TL Backpulver
1 Prise Salz
50 g Zucker
50 ml Distelöl
1 Ei (Größe M)
3 EL Naturjoghurt
20 g Kakaopulver
1 EL Rum

für die Füllung
100 g Sahne
½ Päckchen Sahnesteif
1 EL Eierlikör

Puderzucker zum Bestreuen
18er Silikonbackform für Mini-Gugelhupfe
Spritzbeutel mit Sterntülle

Zubereitungszeit: 25 Minuten
Backzeit: 14 Minuten
Temperatur: 175 °C
(Umluft 155 °C)

1 Das Mehl mit Speisestärke, Backpulver und Salz vermengen. Zucker, Öl, Ei und Joghurt zugeben und verrühren. Den Teig in zwei Hälften teilen. Kakao und Rum miteinander verrühren und in eine Teighälfte einrühren. Den Backofen auf 175 °C vorheizen.

2 Die Vertiefungen der Form mit Öl ausstreichen. Zunächst den hellen Teig in die Form geben, bis die Vertiefungen nicht ganz zur Hälfte gefüllt sind. Den dunklen Teig daraufgeben, so dass die Vertiefungen zu ¾ gefüllt sind. Ein Holzstäbchen einige Male durch den Teig ziehen, damit sich die beiden Teige leicht vermengen und die typische Marmorstruktur entsteht.

3 Die Gugelhupfe im vorgeheizten Backofen auf der mittleren Schiene 14 Minuten backen, in der Form kurz abkühlen lassen, dann auf ein Kuchengitter stürzen.

4 Die Sahne mit Sahnesteif steif schlagen und den Eierlikör zugeben. In einem Spritzbeutel mit Sterntülle füllen und die Kuchen damit füllen. Vor dem Servieren mit Puderzucker bestreuen.

Elfentörtchen

1 Den Backofen auf 180 °C vorheizen. Die Vertiefungen der Form mit Öl einpinseln.

2 Das Mehl mit Backpulver, Speisestärke und dem Salz vermengen. In einer zweiten Schüssel das Ei mit dem Zucker, dem Öl und dem Joghurt verquirlen.

3 Die Mehl- mit der Eimischung vorsichtig vermischen. Die Vertiefungen der Mini-Muffinform zu drei Viertel mit Teig füllen. Auf der mittleren Schiene des vorgeheizten Backofens 10 Minuten backen.

4 Für den Guss den Puderzucker mit dem Himbeersirup vermengen. In eine Espressotasse füllen. Die Muffins kopfüber in den Guss tauchen und auf ein Kuchengitter stellen. Die noch feuchten Muffins mit Elfenstaub oder anderem Dekorzucker bestreuen.

Zutaten

für 24 Mini-Muffins

für den Teig und Dekoration

90 g Mehl
1 TL Backpulver
1 EL Speisestärke
1 Prise Salz
1 Ei (Größe M)
50 g Zucker
50 ml neutrales Öl
3 EL Joghurt
3 EL Puderzucker
1 TL Himbeersirup
3 EL Elfenstaub oder anderer Dekorzucker

24er Mini-Muffinform

Zubereitungszeit: 10 Minuten
Backzeit: 10 Minuten
Temperatur: 180 °C (Umluft 160 °C)

Zutaten

für 24 Mini-Muffins

für Teig und Dekoration

90 g Mehl
20 g gemahlene Mandeln
1 TL Backpulver
1 EL Speisestärke
½ TL gemahlenes Piment
1 Ei (Größe M)
50 g Zucker
40 g Zartbitterschokolade, 70 %
30 ml neutrales Öl
5 EL Grand Marnier
3 EL Joghurt
1 Prise Salz
75 g Zartbitterschokolade, 70 %

24er Mini-Muffinform

Zubereitungszeit: 15 Minuten
Backzeit: 10 Minuten
Temperatur: 180 °C
(Umluft 160 °C)

Mini-Pralinés

1 Den Backofen 180 °C vorheizen. Die Vertiefungen der Form mit Öl einpinseln.

2 Das Mehl mit Mandeln, Backpulver, Speisestärke und dem Piment verrühren.

3 In einer zweiten Schüssel das Ei mit Zucker, geschmolzener Schokolade, Öl, 2 TL Grand Manier, Joghurt und Salz verquirlen.

4 Die Mehl- mit der Eimasse vorsichtig mischen. Den Teig zu drei Vierteln in die Vertiefungen der Form füllen und die Muffins auf der mittleren Schiene des vorgeheizten Backofens 10 Minuten backen.

5 Die noch warmen Muffins mit dem restlichen Grand Marnier tränken und trocknen lassen. Die Schokolade über einem Wasserbad schmelzen. Die Muffins kopfüber in die flüssige Schokolade tauchen.

Cakepop-Herzen

Foto: *siehe Seite 91*

Zutaten

für 8 Cakepops

für den Teig

100 g Marzipanrohmasse
150 g gemahlene Mandeln
1 Ei (Größe M)
40 g Zucker
Abrieb 1 Biolimette
1 Prise Salz

für Guss und Dekoration

4 EL Puderzucker
einige Tropfen rosa Lebensmittelfarbe
Zuckerherzen und kleine Zuckerperlen

Backblech und -papier
Ausstecher in Herzform
8 Cakepop-Sticks

Zubereitungszeit: 20 Minuten
Backzeit: 10 Minuten
Kühlzeit: 1 Stunde
Temperatur: 175 °C
(Umluft 155 °C)

1 Das Marzipan klein schneiden. Alle Zutaten in eine Rührschüssel geben und mit dem Handrührgerät (Knethaken) vermengen. Den Teig in eine Folie wickeln und 1 Stunde kühlen lassen.

2 Den Backofen auf 175 °C vorheizen. Den Teig ca. 1,5 cm dick ausrollen. Mit einem großen Herzausstecher 8 Herzen ausstechen. Auf ein mit Backpapier belegtes Backblech legen und 10 Minuten backen.

3 Den Puderzucker mit der Lebensmittelfarbe und etwas Wasser verrühren. Die Herzen auf Cakepop-Sticks aufstecken und mit dem Zuckerguss überziehen. Mit Zuckerherzen und -perlen verzieren.

Kirsch-Cakepops

Foto: *siehe Seite 91*

1 Den Backofen auf 175 °C vorheizen. Alle Teigzutaten in eine Rührschüssel geben und mit dem Schneebesen verrühren. Den Teig in eine gefettete Mini-Muffinform für 12 Mini-Muffins geben und 14 Minuten backen.

2 Die Mini-Muffins gleich nach dem Backen aus der Form kippen. In einer kleinen Schüssel jeweils einen Muffin zerbröseln. Jeweils eine Kompottkirsche in kleine Stückchen teilen und mit den Muffinbröseln vermengen. Aus der klebrigen Masse eine Kugel formen.

3 Die Kirschkugeln auf Cakepop-Sticks spießen. Die Schokolade auf einem Wasserbad schmelzen. Die Kugeln in die Schokolade tauchen und abtropfen lassen. Den Cakepop-Stick zum Trocknen in eine Styroporplatte stecken. Bevor die Schokolade ausgehärtet ist, die Kugeln mit Zuckerperlen verzieren.

Zutaten

für 12 Cakepops

für den Teig

80 g Mehl
20 g Stärke
1 TL Backpulver
1 Prise Salz
1 Ei (Größe M)
60 g Zucker
50 ml Distelöl
3 EL Saure Sahne
30 g Schokotropfen

für Füllung und Deko

12 Kirschen aus dem Glas
1 Päckchen Schokoladenguss
Zuckerperlen zum Verzieren

12er Mini-Muffinform
12 Cakepop-Sticks

Zubereitungszeit: 20 Minuten
Backzeit: 14 Minuten
Kühlzeit: ca. 1,5 Stunden
Temperatur:
175 °C (Umluft 150 °C)

Zutaten

für 4 Mug Cakes

für den Teig

30 g Mehl
10 g Stärke
20 g Kakaopulver
½ TL Backpulver
40 g Zucker
1 Prise Salz
1 Ei (Größe M)
1 EL Joghurt
20 ml Öl
1 EL Espresso

für die Dekoration

1 EL Johannisbeergelee
4 Mokkabohnen
1 Sharonfrucht

4 größere Espressotassen
(75 ml Fassungsvermögen)

Zubereitungszeit: 5 Minuten
Backzeit: 20 Minuten
Temperatur: 175 °C
(Umluft 155 °C)

Schoko-Sharon-Mug Cake

1 Den Backofen auf 175 °C vorheizen. Alle Teigzutaten in eine Rührschüssel geben und mit dem Schneebesen gut verrühren.

2 Den Teig auf 4 größere Espressotassen verteilen und im Backofen auf mittlerer Schiene 20 Minuten backen.

3 Nach dem Backen noch warm mit dem Johannisbeergelee bepinseln. Mit jeweils einer Mokkabohne verzieren. Abschließend mit einem Stückchen der Sharonfrucht dekorieren und noch warm servieren.

Blaubeer-
Mug Cake

1 Das Mehl mit dem Zucker, dem Backpulver und dem Salz vermengen. Öl, Joghurt, Ei und Zitronenabrieb dazugeben und gut verrühren. Die Blaubeeren waschen.

2 Den Teig in eine Tasse füllen. Die Blaubeeren in die Tasse geben und vorsichtig unter den Teig rühren. Einige Blaubeeren zum Verzieren zurückbehalten.

3 Den Mug Cake bei 800 Watt in der Mikrowelle 1:30 Minuten backen. Mit Puderzucker bestreuen und vor dem Servieren mit Blaubeeren verzieren.

Zutaten

für 1 Mug Cake

für den Teig
40 g Mehl
40 g Zucker
¼ TL Backpulver
1 Prise Salz
2 EL neutrales Öl
2 EL Joghurt
1 Ei (Größe M)
Abrieb ½ Biozitrone
30 g Blaubeeren

Puderzucker zum Bestreuen
Blaubeeren zur Deko
1 Tasse (Füllmenge 250 ml)

Zubereitungszeit: 5 Minuten
Backzeit: 2 Minuten
Temperatur Mikrowelle: 800 Watt

Zutaten

für 1 Mug Cake

für den Teig
- 30 g Mehl
- 10 g Kakaopulver
- ½ TL Backpulver
- 40 g Zucker
- 20 g Schokoladenraspel
- 1 Prise Salz
- 1 Ei (Größe M)
- 2 EL Milch

Puderzucker zum Bestreuen
1 Tasse (Füllmenge 300 ml)

Zubereitungszeit: 10 Minuten
Backzeit: 2 Minuten
Temperatur Mikrowelle: 800 Watt

Chocolationo-Mug Cake

auf dem Foto links

1 Das Mehl mit dem Kakaopulver, dem Backpulver, dem Zucker, den Schokoraspeln und der Prise Salz vermengen. Das Ei und die Milch einrühren.

2 Den Teig in eine Tasse füllen und bei 800 Watt 2 Minuten in der Mikrowelle backen. Vor dem Servieren mit Puderzucker bestreuen.

Baking Queen
PRINZESSIN!

Himbeer-Mandel-Mug Cake

auf dem Foto S. 85 rechts

Zutaten

für 1 Mug Cake

für den Teig

50 g Mehl
10 g gemahlene Mandeln
40 g Zucker
1 Päckchen Vanillezucker
¼ TL Backpulver
1 Prise Salz
1 Ei (Größe M)
2 EL neutrales Öl
1 EL Sirup, weiße Schokolade
1 EL Joghurt
1 Spritzer Zitronensaft
30 g Himbeeren, TK

für die Dekoration

3 EL Puderzucker
Einige Tropfen rosa Lebensmittelfarbe
Zuckerperlen zum Verzieren

1 Tasse (Füllmenge 400 ml)

Zubereitungszeit: 10 Minuten
Backzeit: 2½ Minuten
Temperatur Mikrowelle: 800 Watt

1 Das Mehl mit den Mandeln, dem Zucker, dem Vanillezucker, dem Backpulver und dem Salz vermengen. Ei, Öl, Schokoladensirup, Joghurt und Zitronensaft hinzugeben und alles gut verrühren. Zum Schluss die gefrorenen Himbeeren einrühren.

2 Den Teig in eine Tasse füllen und bei 800 Watt 2½ Minuten in der Mikrowelle backen.

3 Nach dem Backen kurz abkühlen lassen. Den Puderzucker mit der Lebensmittelfarbe und etwas Wasser zu einem zähflüssigen Guss vermengen. Die Spitze des Mug Cakes damit bestreichen und noch feucht mit Zuckerperlen verzieren.

Abkürzungen, Temperaturen und Maße

Abkürzungen

TL = Teelöffel
EL = Esslöffel
g = Gramm
kg = Kilogramm
ml = Milliliter
L = Liter

Backtemperaturen und -zeiten

Die im Buch angegebenen Temperaturen und Backzeiten sind Mittelwerte. Bei Elektroherden können die Backzeiten je nach Herd variieren. Bei Gasherden entnehmen Sie bitte die jeweilige Stufe der Gebrauchsanweisung Ihres Herdes.

Messen und Wiegen

Verwenden Sie eine digitale Küchenwaage mit 1- oder 2-Gramm genauer Einteilung. Auch eine Zuwiegefunktion kann nützlich sein. Ein Messbecher sollte ebenfalls nicht fehlen. Besonders Flüssigkeiten und Grundzutaten wie Mehl und Zucker lassen sich damit rasch und einfach abmessen. Auch Löffel und Tassen helfen, Maße und Gewichte annähernd zu bestimmen:

	1 TL gestrichen	1 EL gestrichen	1 EL gehäuft
Kakao	2g	5g	
Mehl		10g	20g
Speisestärke	3g	10g	
Backpulver	3g		
Puderzucker		8g	20g
Zucker		15g	25g

125 ml Flüssigkeit = 8 EL oder 1 Tasse
250 ml Flüssigkeit = 16 EL oder 1 Becher

Alphabetisches Rezeptverzeichnis

A
Apfelmuskuchen 15
Apfelstrudel, schneller 27
Aprikosen-Mandel-Crumble 19

B
Birnenkuchen 16
Blaubeer-Mug Cake 83
Blaubeertörtchen, schnelle 59
Brombeer-Schmand-Kuchen 28
Buttermilchkuchen mit
Walnüssen 32

C
Cakepop-Herzen 78
Cheesecake-Brownies 40
Chocolationo-Mug Cake 84

E
Elfentörtchen 75
Erdbeertorte, luftige 51

G
Gugelhupf 20

H
Haselnuss-Biscotti 64
Himbeer-Mandel-Mug Cake 86
Himbeerpavlova 47
Himbeer-Sahne-Rolle 43

K
Kirsch-Cakepops 79
Kirsch-Cashew-Muffins 67
Kokostorte, kleine 44

L
Latte-Macchiato-Käsekuchen 36

M
Mandarinen-Joghurt-Kuchen 35
Mini-Marmorkuchen mit Likör 72
Mini-Pralinés 76
Muffins mit Eierlikörpudding 68

N
Nektarinen-Blätterteig-Tartelettes 60

R
Rhabarber-Crumble mit Eierlikörsahne 24
Ricotta-Quark-Kirschkuchen 39

S
Schaumrolle, knusprige, mit Kaffeesahne 55
Schmetterling-Cupcakes 71
Schokoladenkuchen, saftiger 23
Schoko-Sharon-Mug Cake 80
Sekttorte mit Zitronensahne 48
Spitztüten mit Minzequark 63

T
Tarte Tatin 31
Törtchen, portugiesische 56

Rezeptverzeichnis nach Zutaten

Frisches Obst

Apfel

Apfelmuskuchen 15
Schneller Apfelstrudel 27
Tarte Tatin 31

Aprikosen und Nektarinen

Aprikosen-Mandel-Crumble 19
Nektarinen-Blätterteig-Tartelettes 60

Beeren

Blaubeer-Mug Cake 83
Brombeer-Schmand-Kuchen 28
Himbeer-Mandel-Mug Cake 86
Himbeerpavlova 47
Himbeer-Sahne-Rolle 43
Luftige Erdbeertorte 51
Schnelle Blaubeertörtchen 59
Spitztüten mit Minzequark 63

Birne

Birnenkuchen 16

Kirsche

Kirsch-Cakepops 79
Kirsch-Cashew-Muffins 67
Ricotta-Quark-Kirschkuchen 39

Rhabarber

Rhabarber-Crumble mit Eierlikörsahne 24

Zitrone und Orange

Sekttorte mit Zitronensahne 48
Spitztüten mit Minzequark 63

Joghurt und Quark

Cheesecake-Brownies 40
Elfentörtchen 75
Mandarinen-Joghurt-Kuchen 35
Latte-Macchiato-Käsekuchen 36
Ricotta-Quark-Kirschkuchen 39
Schneller Apfelstrudel 27
Spitztüten mit Minzequark 63

Likör, Sekt & Co

Birnenkuchen 16
Gugelhupf 20
Knusprige Schaumrolle mit Kaffeesahne 55
Mini-Marmorkuchen mit Likör 72
Mini-Pralinés 76
Muffins mit Eierlikörpudding 68
Rhabarber-Crumble mit Eierlikörsahne 24
Sekttorte mit Zitronensahne 48

Kokos, Nuss und Mandel

Buttermilchkuchen mit Walnüssen 32
Cakepop-Herzen 78
Haselnuss-Biscotti 64
Kirsch-Cashew-Muffins 67
Kleine Kokostorte 44
Schneller Apfelstrudel 27
Saftiger Schokoladenkuchen 23

Marzipan

Cakepop-Herzen 78

Schokolade, Kakao und Kaffee

Cheesecake-Brownies 40
Chocolationo-Mug Cake 84
Gugelhupf 20
Knusprige Schaumrolle mit Kaffeesahne 55
Latte-Macchiato-Käsekuchen 36
Mini-Marmorkuchen mit Likör 72
Mini-Pralinés 76
Saftiger Schokoladenkuchen 23
Schoko-Sharon-Mug Cake 80

Vanillepudding

Portugiesische Törtchen 56
Schmetterling-Cupcakes 71

Impressum

ISBN 978-3-8094-3475-7

1. Auflage

Umschlaggestaltung: Atelier Versen, Bad Aibling
Layout: Epsilon2, Mundelsheim
Bildnachweis: *Cover:* depositphotos/molka; Bassermann Verlag/Ketterer & Layher, Karl Newedel, Jacqueline Twenhöfel
Bassermann Verlag: 4, 6, 20, 42, 54, 58, 62 (Ketterer&Layher), 9, 45, 49, 50, 57, 69, 70 (Jacqueline Twenhöfel), 12/13, 14, 17, 22, 26, 29, 30, 33, 34, 38, 41, 46, 65, 66 (Karl Newedel), 18, 25 (Veronika Studer), 37, 61 (Giorgio Scarlini), 52/53, 73, 74, 77, 81, 82, 85, 91 (Luise Lilienthal)
Bildredaktion: Sabine Kestler

Rezeptautoren:
Jacqueline Böttcher (verheiratete Twenhöfel), München: S. 44, 51, 56, 68–71
Tanja Dostal, Idstein-Dasbach: S. 40
Luise Lilienthal: S. 20, 48, 54, 72–86
Karl Newedel, München: S. 27, 31, 47, 64
Claudia Schmidt, Stäfa: S. 19, 24
Bettina Snowdon, Hamburg: S. 36, 39, 60, 67
Oda Tietz, Leipzig: S. 16, 28, 42, 58, 63

Projektleitung: Birte Dittmann
Herstellung: Elke Cramer

Satz: Nadine Thiel, kreativsatz, Baldham
Reproduktion: Regg Media GmbH, München
Druck und Bindung: DZS Grafik, Ljubljana

Printed in Slovenia

FSC® www.fsc.org MIX Papier aus verantwortungsvollen Quellen FSC® C112556

Verlagsgruppe Random House FSC® N001967